Bajki i kolorowanki

Fairy Tales with Coloring Pages

Bilingual Book in Polish and English

by Svetlana Bagdasaryan

Czerwony Kapturek

Była sobie raz mała chłopeczka. Ze świecą ładniejszej szukać! Matka kochała ją okrutnie, a babka - więcej jeszcze. Babka-poczciwina kazała jej uszyć czerwony kapturek, a ten tak się udał, tak jej było w nim ładnie, że odtąd nazywano ją wszędzie: Mały Czerwony Kapturek. Napiekła raz matka maślanych placuszków i powiada:

- Idź, Mały Czerwony Kapturku, do babki i zapytaj, jak się miewa. Bo powiadali mi we wsi, że słabuje. Zanieś jej ten placuszek i garnuszek masła.

Mały Czerwony Kapturek ruszyła nie zwlekając do babki. A babka mieszkała w odległej wsi.

Wchodzi Mały Czerwony Kapturek w las i spotyka Kuma-Wilka. Kum-Wilk miał wielką chęć pożreć od razu Małego Czerwonego Kapturka, ale że w lesie byli drwale, więc się nie odważył. Pyta więc tylko, dokąd to wędruje. Mały Czerwony Kapturek nie wiedziała, nieboraczka, jak to niebezpiecznie przystawać i podawać ucho wilczym słówkom. Zatrzymała się więc i powiada:

- Idę odwiedzić babkę. Niosę dla niej placuszek i garnuszek masła od matki.

- A daleko to do babki? - pyta Wilk.

- O, szmat drogi! - rzecze Mały Czerwony Kapturek. - Trzeba iść aż do młyna, co go widać - o, tam! daleko! A potem dalej jeszcze, aż do pierwszej chaty we wsi.

- Ano - powiada Wilk na to - pójdę i ja do babki w odwiedziny. Ja ruszę tą dróżką. Ty - idź tamtą. Zobaczymy, kto pierwszy u babki stanie.

Puścił się Wilk co duch krótszą dróżką, a dziewuszka poszła dłuższą. Idąc, zbałamuciła chwilę, zrywając orzechy w olszynie, chwilę - goniąc za motylami, chwilę - rwąc napotkane w trawie drobne kwiatuszki i układając je w wiązanki.

Tymczasem Wilk nie mitrężył i wnet stanął przed chałupką babki.

- Puk-puk.

- A kto tam?

Little Red Riding Hood

Once upon a time there lived in a village a little country girl, the prettiest creature that had ever been seen. Her mother was very fond of her, and her grandmother loved her still more. This good woman made for her a little red riding hood, which fit her so well that everybody called her Little Red Riding Hood.

One day her mother, having made some pies, said to her, "Go, my dear, and see how your grandmother does, for I hear she has been very ill; bring her the pies and this little pot of butter."

Little Red Riding Hood set out immediately to go to her grandmother's, who lived in another village.

As she was going through the woods, she met the gaffer wolf, who wanted to eat her up; but he dared not, because of the loggers working near in the forest. He asked her where she was going. The poor child, who did not know that it was dangerous to stop and talk to a wolf, said to him, "I am going to see my grandmother, and bring her the pies and little pot of butter that my mother sent."

"Does she live far?" asked the wolf.

"Oh, yes," answered Little Red Riding Hood; "it is behind that mill you see there; the first house you come to in the village."

"Well," said the wolf, "and I'll go and see her, too. I'll go this way, and you go that way, and we shall see who will get there first."

The wolf began to run as fast as he could, taking the shortest way, and the little girl went by the longest way, amusing herself by gathering nuts, running after butterflies, and picking flowers. Not before long wolf reached the old woman's house. He knocked at the door — knock, knock, knock.

"Who's there?" called the grandmother.

- To ja, twoja wnuczka, babko, Mały Czerwony Kapturek - odpowiedział Wilk zmienionym głosem. - Przynoszę ci maślany placuszek i garnuszek masła od matki.

Babka-poczciwina słabowała trochę i leżała. Zawołała więc nie wstając z łóżka:

- Pociągnij zatyczkę z koziej nóżki, a puści rygielek!

Pociągnął Wilk kozią nóżkę - drzwi się otworzyły. Wilk rzucił się na babinkę i połknął ją w mgnieniu oka, bo już trzy dni pościł. Po czym zamknął drzwi, wyciągnął się na łóżku babki i czeka na Małego Czerwonego Kapturka. Wkrótce nadeszła dziewuszka i stuka do drzwi:

- Puk-puk.

- A kto tam?

Mały Czerwony Kapturek strwożyła się bardzo, co to za gruby wilczy głos się odzywa. Ale sądząc, że babka zachrypła, powiada:

- To ja, twoja wnuczka, babko, Mały Czerwony Kapturek. Przynoszę ci maślany placuszek i garnuszek masła od matki.

A Wilk na to słodziuchno, jak tylko może:

- Pociągnij kozią nóżkę, a puści rygielek.

Mały Czerwony Kapturek pociągnęła kozią nóżkę. Drzwi się otworzyły. Na widok dziewczynki Wilk nurknął pod pierzynę i powiada z łóżka:

- Schowaj do skrzyni placuszek i garnuszek z masłem. I chodź tu, moja miła. Połóż się przy mnie.

Mały Czerwony Kapturek zdjęła kapotkę i wyciągnęła się obok babki, dziwując się jej posturze:

"It is your granddaughter, Little Red Riding Hood," replied the wolf, imitating the girl's voice. "Mother sent you some pies and a little pot of butter."

The good grandmother, who was in bed, because she was somewhat ill, cried out, "Pull the bobbin, and the latch will go up."

The wolf pulled the bobbin, and the door opened. He fell upon the old woman and swallowed her, for he had not eaten anything for more than three days. He then shut the door, went into the grandmother's bed, and waited for Little Red Riding Hood, who came sometime afterward and knocked at the door — knock, knock, knock.

"Who's there?" called the wolf.

Little Red Riding Hood, hearing the hoarse voice of the wolf, was at first afraid; but thinking her grandmother had a cold, answered, "This is your granddaughter, Little Red Riding Hood. Mother sent you some pies and a little pot of butter."

The wolf cried out to her, softening his voice a little, "Pull the bobbin, and the latch will go up."

Little Red Riding Hood pulled the bobbin, and the door opened.

The wolf, seeing her come in, said to her, hiding himself under the bedclothes, "Put the pies and little pot of butter somewhere, and come and lie down with me."

Little Red Riding Hood went into bed, where she was much surprised to see how her grandmother looked in her night-clothes.

- O moja babko, jakie to masz wielkie ręce!
- Żeby cię mocniej uścisnąć, moja ty dziecino!
- O moja babko, jakie to masz długie nogi!
- Aby cię prędko schwytać, moja ty dziecino!
- O moja babko, jakie to masz wielkie uszyska!
- Aby cię dobrze słyszeć, moja ty dziecino!
- O moja babko, jakie ty masz wielkie oczy!
- Aby cię lepiej widzieć, moja ty dziecino!
- O moja babko, jakie ty masz wielkie zęby!
- Aby cię smacznie zjeść!

Zły Wilk warknął, dał susa z łóżka i Małego Czerwonego Kapturka pożarł.

Koło domu przechodził właśnie myśliwy. Wszedł więc do izby, a kiedy stanął przed łóżkiem, zobaczył w nim wilka. Lecz wziął nożyce i zaczął rozcinać śpiącemu wilkowi brzuch. Jeszcze parę cięć i wyskoczyła dzieweczka wołając:

- Ach, jak się bałam. Tak ciemno było w brzuchu wilka! - a potem wyszła babcia, żywa.

I wszyscy byli zadowoleni.

She said to her, "Grandmamma, what big arms you have!"

"All the better to hug you with, my dear."

"Grandmamma, what great legs you have!"

"All the better to run with, my child."

"Grandmamma, what great ears you have!"

"All the better to hear with, my child."

"Grandmamma, what great eyes you have!"

"All the better to see with, my child."

"Grandmamma, what great teeth you have!"

"All the better to eat you up with."

And, saying these words, this wicked wolf fell upon Little Red Riding Hood, and ate her all up.

A huntsman was just passing by. He stepped inside, and in the bed there lay the wolf that he had been hunting for such a long time. So he took a pair of scissors and cut open his belly. He cut a little more, and the girl jumped out and cried: "Oh, I was so frightened! It was so dark inside the wolf's body!" And then the grandmother came out alive as well.

The three of them were happy.

Muzykanci z Bremy

Był sobie kiedyś człowiek, który miał osła. Osioł ów niezmordowanie nosił worki do młyna. Lecz w końcu skończyły się siły osła, nie nadawał się już do pracy. Jego pan myślał by go oddać, lecz osioł spostrzegł, że jego pan ma coś złego na myśli, uciekł i ruszył w drogę do Bremy. Zamierzał zostać tam miejskim muzykantem.

Gdy szedł już chwilkę, znalazł na drodze psa myśliwskiego, który żałośnie wył.

- Czemuż to tak wyjesz? - zapytał osioł.

- Ach, - powiedział pies. - Stary jestem, z każdym dniem słabszy, nie mogę już chodzić na polowania. Mój pan chciał mnie zastrzelić, więc wziąłem nogi za pas. Ale jak mam zarobić na chleb?

- Wiesz co, - rzekł osioł, - idę do Bremy i będę tam miejskim muzykantem. Chodź ze mną, będziemy tam razem muzykować. Ja będę grał na lutni, a ty będziesz bił w bębenek.

Pies przystał na to i poszli dalej razem.

Nie trwało długo, a zobaczyli kota, jak siedzi na drodze, twarz miał jak trzy dni niepogody.

- Cóż ci się przydarzyło, wąsaczu? - zapytał osioł.

- A kto się cieszy, gdy go kołnierz dusi, - odpowiedział kot. - Jestem już stary, zęby mam tępe i lepiej mi za piecykiem siedzieć i się bawi niż za myszami ganiać. Moja pani chciała mnie utopić. Udało mi się uciec, ale nie wiem, co począć dalej. Dokąd teraz iść?

- Chodź z nami do Bremy! Znasz się na nocnej muzyce, to możesz zostać muzykantem.

Kot przystał na to i poszedł z nimi.

Szli tak we trójkę aż doszli do zagrody. Przed bramą siedział kogut i krzyczał ile wlezie.

Bremen Town Musicians

A certain man had a donkey, which had carried the corn-sacks to the mill indefatigably for many a long year. But his strength was going, and he was growing more and more unfit for work. Then his master began to consider how he might best save his keep. But the donkey, seeing that no good wind was blowing, ran away and set out on the road to Bremen. *There*, he thought, *I can surely be a town-musician.*

When he had walked some distance, he found a hound lying on the road, gasping like one who had run till he was tired. "What are you gasping so for, you big fellow," asked the donkey.

"Ah," replied the hound, "As I am old, and daily grow weaker, and no longer can hunt, my master wanted to kill me, so I took to flight, but now how am I to earn my bread."

"I tell you what," said the donkey, "I am going to Bremen, and shall be a town-musician there. Come with me and engage yourself as a musician too. I will play the lute, and you shall beat the kettle-drum." The hound agreed, and on they went.

Before long they came to a cat, sitting on the path, with a face like three rainy days. "Now then, old shaver, what has gone askew with you," asked the donkey.

"Who can be merry when his neck is in danger," answered the cat. "Because I am now getting old, and my teeth are worn to stumps, and I prefer to sit by the fire and spin, rather than hunt about after mice, my mistress wanted to drown me, so I ran away. But now good advice is scarce. Where am I to go?"

"Go with us to Bremen. You understand night-music, you can be a town-musician." The cat thought well of it, and went with them.

After this the three fugitives came to a farm-yard, where the cock was sitting upon the gate, crowing with all his might.

- Krzyczysz, że aż w kości włazi, - rzekł osioł. - Co się z tobą dzieje?

- Gospodyni rozkazała kucharce urąbać mi dziś wieczorem łeb. W niedzielę będą goście i będą jeść ze mnie zupę. Krzyczę sobie teraz na całe gardło, dopóki jeszcze mogę.

- Ojoj, - powiedział osioł, - odejdź lepiej z nami. Idziemy do Bremy. Coś lepszego niż śmierć znajdziesz wszędzie. Masz dobry głos, będziemy razem muzykować, będzie to brzmieć całkiem cudnie.

Kogutowi spodobała się propozycja i dalej poszli we czwórkę.

Lecz do Bremy za dnie dojść nijak. Wieczorem dotarli do lasu, gdzie chcieli przenocować. Osioł i pies położyli się pod wielkim drzewem, kot wspiął się na gałąź, a kogut pofrunął na czubek, gdzie czuł się najbezpieczniej.

Zanim zasnął, rozejrzał się we wszystkie cztery strony świata. Dostrzegł światełko. Powiedział towarzyszom, że w pobliżu musi być dom, bo widzi światło. Osioł odpowiedział:

- Musimy się zebrać i jeszcze troszkę pomaszerować, bo to schronienie jest marne.

Pies pomyślał, że parę kostek i trochę mięsa dobrze by mu zrobiło

Ruszyli więc w drogę, skąd dochodziło światło. Wkrótce zobaczyli, że żarzy się jaśniej i robi się większe, aż wreszcie zawędrowali przed jasno oświetlony dom zbójców. Osioł, jako największy, podszedł do okna i zajrzał do środka.

- Co widzisz, śniady rumaku? - zapytał kogut.

- Co widzę? - odparł osioł. - Nakryty stół z cudnym żarciem i trunkiem. Zbóje siedzą wkoło i sobie nie żałują!

- To by było coś dla nas, - rzekł kogut.

Zwierzaki zaczęły się zastanawiać, jak przepędzić zbójów. Wreszcie znalazły środek. Osioł stanął przednimi nogami na oknie, pies skoczył na osła plecy, kot wspiął się na psa, a na końcu kogut pofrunął do góry i usiadł kotu na głowie.

"Your crow goes through and through one," said the donkey. "What is the matter?"

"I have been foretelling fine weather, because it is the day on which our lady washes the christ-child's little shirts, and wants to dry them," said the cock. "But guests are coming for Sunday, so the housewife has no pity, and has told the cook that she intends to eat me in the soup tomorrow, and this evening I am to have my head cut off. Now I am crowing at the top of my lungs while still I can."

"Ah, but red-comb," said the donkey, "You had better come away with us. We are going to Bremen. You can find something better than death everywhere. You have a good voice, and if we make music together, it must have some quality."

The cock agreed to this plan, and all four went on together. They could not reach the city of Bremen in one day; however, and in the evening they came to a forest where they meant to pass the night. The donkey and the hound laid themselves down under a large tree, the cat and the cock settled themselves in the branches. But the cock flew right to the top, where he was most safe. Before he went to sleep he looked round on all four sides, and thought he saw in the distance a little spark burning. So he called out to his companions that there must be a house not far off, for he saw a light.

The donkey said, "If so, we had better get up and go on, for the shelter here is bad." The hound thought too that a few bones with some meat on would do him good.

So they made their way to the place where the light was, and soon saw it shine brighter and grow larger, until they came to a well-lighted robbers, house. The donkey, as the biggest, went to the window and looked in.

"What do you see, my grey-horse?" asked the cock.

"What do I see?" answered the donkey. "A table covered with good things to eat and drink, and robbers sitting at it enjoying themselves."

"That would be the sort of thing for us," said the cock.

Then the animals took counsel together how they should manage to drive away the robbers, and at last they thought of a plan. The donkey was to place himself with his fore-feet upon the window-ledge, the hound was to jump on the donkey's back, the cat was to climb upon the dog, and lastly the cock was to fly up and perch upon the head of the cat.

Gdy to już się stało, na znak zaczęli ze swoją muzyką, osioł krzyczał, pies szczekał, kot miauczał, a kogut piał. Potem rzucili się przez okno do izby, tak że szyby zabrzęczały.

Rabusie podskoczyli z okropnym krzykiem do góry. Myśleli, że nadszedł duch i w wielkim strachu uciekli do lasu.

A czterech towarzyszy usiadło przy stole, a każdy jadł, ile serce zapragnie, z dań które mu najlepiej smakowały.

Gdy skończyli, zgasili światło, a każdy wedle gustu poszukał sobie legowiska. Osioł położył się na gnoju, pies za drzwi, kot przy piecu koło ciepłego popiołu, a kogut pofrunął na dach. A ponieważ studzeni byli po długiej podróży, wnet zasnęli.

Gdy minęła północ, rabusie dojrzeli z daleka, że w domu nie pali się światło i wkoło jest spokojnie. Herszt zbójów rzekł wtedy:

- Nie powinniśmy byli dać się tak zapędzić w kozi róg.

Posłał więc zbója aby sprawdził, czy w domu ktoś jeszcze jest.

Zbój zastał wszystko w ciszy. Poszedł do kuchni i chciał zapalić światło. Zobaczył ogniste oczy kota i pomyślał, że to rozżarzone węgliki. Przytknął doń zapałkę, żeby ją odpalić. Ale kot nie zrozumiał żartu, skoczył mu na twarz i drapał co sił. Wystraszył się zbój okrutnie i ruszył do tylnych drzwi. Ale wtem skoczył pies i ugryzł go w nogę. Gdy rabuś biegł koło gnoju, osioł kopnął go okropnie swymi tylnymi nogami, a kogut, którego hałas wyrwał ze snu, zawołał z dachu:

- Kukuryku!

Zbój pobiegł tak szybko, jak tylko mógł, do swojego herszta i rzekł:

- Ach, w domu siedzi straszna wiedźma, zdybała mnie i swoimi długimi palcami rozdrapała twarz. Przy drzwiach stał człowiek z nożem, uciął mnie w nogę. Na podwórzu leżał czarny kolos, przepędził mnie drewnianą pałką. A na dachu siedzi sędzia i woła: "Przyprowadzić mi łotra!" Musiałem więc brać nogi za pas.

Od tej pory zbóje nie ważyli się wracać do domu. A czterem muzykantom z miasta Bremy spodobało się tam tak, że nie chcieli tego miejsca opuszczać.

When this was done, at a given signal, they began to perform their music together. The donkey brayed, the hound barked, the cat mewed, and the cock crowed. Then they burst through the window into the room, shattering the glass.

At this horrible din, the robbers sprang up, thinking no otherwise than that a ghost had come in, and fled in a great fright out into the forest.

The four companions now sat down at the table, well content with what was left, and ate as if they were going to fast for a month. As soon as the four minstrels had done, they put out the light, and each sought for himself a sleeping-place according to his nature and what suited him. The donkey laid himself down upon some straw in the yard, the hound behind the door, the cat upon the hearth near the warm ashes, and the cock perched himself upon a beam of the roof. And being tired from their long walk, they soon went to sleep.

When it was past midnight, and the robbers saw from afar that the light was no longer burning in their house, and all appeared quiet, the captain said, "We ought not to have let ourselves be frightened out of our wits," and ordered one of them to go and examine the house."

The messenger finding all still, went into the kitchen to light a candle, and, taking the glistening fiery eyes of the cat for live coals, he held a lucifer-match to them to light it. But the cat did not understand the joke, and flew in his face, spitting and scratching. He was dreadfully frightened, and ran to the back-door, but the dog, who lay there sprang up and bit his leg. And as he ran across the yard by the dunghill, the donkey gave him a smart kick with its hind foot. The cock, too, who had been awakened by the noise, and had become lively, cried down from the beam, "Cock-a-doodle-doo."

Then the robber ran back as fast as he could to his captain, and said, "Ah, there is a horrible witch sitting in the house, who spat on me and scratched my face with her long claws. And by the door stands a man with a knife, who stabbed me in the leg. And in the yard there lies a black monster, who beat me with a wooden club. And above, upon the roof, sits the judge, who called out, *bring the rogue here to me.* So I got away as well as I could.

After this the robbers never again dared enter the house. But it suited the four musicians of Bremen so well that they did not care to leave it anymore.

Made in the USA
Middletown, DE
04 March 2019